MEINE SCHÖNSTEN VERSE FÜRS POESIE ALBUM

GONDROM

© Gondrom Verlag GmbH, Bindlach 1998
ISBN 3-8112-1644-9

Inhalt

Vorwort 4
Für die erste Seite 5
Traditionelles 7
In Freundschaft 25
Moderne Verse 35
Besinnliches 41
Humorvoll-Heiteres 49
In Liebe 61
Weisheiten fürs Leben 69
Dies schrieb Dir … 87
Wie schreibe ich ins Album rein? 88

Vorwort

Schon unsere Urgroßmütter besaßen in ihren Jugendtagen ein Poesiealbum. Damals war es noch elegant in Leder gebunden und der ganze Stolz seiner Besitzerinnen. Um so erstaunlicher ist es, daß dieses kleine, quadratische Büchlein im Zeitalter der Computer nichts an Attraktivität verloren hat, sondern bis heute seinen Platz in den Herzen der jungen Menschen behauptet. So sind Poesiealben in Millionen Bücherregalen zu finden, aber jedes ist ein Unikat – einmalig und für den Eigentümer oder die Eigentümerin von größtem Wert.

In der Regel sind die vorderen Albumseiten für die Eltern, Großeltern, Geschwister und Lieblingstanten und -onkel namentlich reserviert. Danach können sich die Klassenkameraden und Lehrer, der Pfarrer/die Pfarrerin und vielleicht die nette Nachbarin verewigen. Besonders gespannt wird der Vers des besten Freundes oder der besten Freundin erwartet. Schreibt er oder sie etwas Lustiges, Modernes oder lieber etwas Besinnliches?

Jeder ausgesuchte Spruch ist ein kleines Geschenk an den Albumbesitzer, das demnach auch liebevoll verpackt sein sollte; mit anderen Worten: auch die Optik spielt eine große Rolle. Es darf gemalt und gezeichnet werden, vielleicht etwas Passendes zum ausgewählten Vers. Jederzeit beliebt sind die romantischen und bunten Glanzbilder, aber auch ein persönliches Foto des Schreibenden mag den Albumbesitzer sein ganzes Leben lang erfreuen.

Auf den folgenden Seiten haben wir die schönsten und bekanntesten Verse fürs Poesiealbum zusammengestellt. Am Ende dieses Büchleins gibt es ein paar Tips zum richtigen Umgang mit Poesiealben, die man vielleicht beherzigen sollte, damit das Lesen und Schreiben gleichermaßen Freude macht.

Für die erste Seite

Schreibst Du in mein Album rein,
Wasch Dir erst die Hände rein,
Wähl ein Sprüchlein wahr und fein,
Das wär' die große Bitte mein.
Glücklich wär' ich obendrein
Über eine Zeichnung klein.

Liebe Freunde, groß und klein,
Haltet mir mein Album rein,
Reißt mir keine Blätter raus,
Sonst ist es mit der Freundschaft aus.

Was man schreibt,
Das bleibt.

Dieses Büchlein ist mir lieb,
Wer mir's nimmt, der ist ein Dieb,
Wer mir's gibt, der ist mir recht,
Wer's nicht will, der kennt es schlecht.

Du fragst: Was nützt die Poesie?
Sie lehrt und unterrichtet nie.
Allein, wie kannst Du noch so fragen?
Du siehst an ihr, wozu sie nützt:
Dem, der nicht viel Verstand besitzt,
Die Wahrheit durch die Bilder sagen.
(Christian Gellert)

Allen, die in meinem Album stehen,
Wünsch' ich viel Glück und Wohlergehen!

Mit Gott fang an!

Manchen schönen Blumensamen
Streut man in ein Gartenbeet.
Weise Sprüche, liebe Namen
Werden in dies Buch gesät.

Traditionelles

Weißt Du, worin der Spaß des Lebens liegt?
Sei lustig! – Geht es nicht, so sei vergnügt.
(Johann Wolfgang von Goethe)

Sei immer bescheiden,
Verlang nie zuviel,
Dann kommst Du zwar langsam,
Doch sicher zum Ziel.

Dein Leben sei fröhlich und heiter,
Kein Leid betrübe Dein Herz,
Das Glück sei stets Dein Begleiter,
Nie treffe Dich Kummer und Schmerz!

Rosen, Tulpen, Nelken,
Alle Blumen welken,
Nur das eine Blümlein nicht,
Das da heißt:
Vergißmeinnicht.

Laß den Kopf niemals hängen,
Habe stets frohen Mut!
Einst wird's wieder heller,
Einst wird alles gut.

Nur wer den Menschen liebt, wird ihn verstehen.
Wer ihn verachtet,
ihn nicht einmal sehen.

(Christian Morgenstern)

Sei Deiner Eltern Lust und Freude.
Mit Dank erkenne ihr Bemüh'n,
Und mache ihnen niemals Leide,
So wird auch Dir ihr Segen blüh'n.
Nur solchen Kindern geht es gut,
Auf denen Elternsegen ruht.

Vom Unglück erst
Zieh' ab die Schuld;
Was übrig ist,
Trag' in Geduld.

(Theodor Storm)

Immer wenn Du meinst,
Es geht nicht mehr,
Kommt von irgendwo
Ein Lichtlein her!

Was Du nicht willst,
Das man Dir tut,
Das füg auch keinem
Andern zu!

Geduldig trägt Dein Mütterlein
Für Dich so manche Last.
Drum liebe und erfreue sie,
Solange Du sie hast.

Edel sei der Mensch, hilfreich und gut.
Denn das allein unterscheidet ihn
von allen Wesen, die wir kennen.
(Johann Wolfgang von Goethe)

Das Rechte erkennen und nichts tun
ist Mangel an Mut.

Licht und Schatten muß es geben,
Soll das Bild vollendet sein,
Wechseln müssen drum im Leben
Dunkle Nacht und Sonnenschein.

Dem kleinen Veilchen gleich,
das im Verborg'nen blüht,
sei immer fromm und gut,
auch wenn Dich niemand sieht.

Sei wie das Veilchen im Moose,
Bescheiden, sittsam und rein,
Nicht wie die stolze Rose,
Die immer bewundert will sein.

Rot sind die Rosen,
Weiß ist der Flieder,
Schön ist die Jugend,
Sie kehrt nie wieder.

Steh nicht dabei, um zuzuschauen,
Faß wacker an, um mitzubauen!

Willst Du glücklich sein im Leben,
Trage bei zu andrer Glück,
Denn die Freude, die wir geben,
Kehrt ins eigne Herz zurück.

Wenn Du noch eine Mutter hast,
So danke Gott und sei zufrieden.
Nicht jedem ist auf diesem Erdengrund
Dies hohe Glück beschieden.

Hab Sonne im Herzen,
Ob es stürmt oder schneit,
Ob der Himmel voll Wolken,
Die Erde voll Streit.
Hab ein Lied auf den Lippen,
Verlier nie den Mut,
Hab Sonne im Herzen,
Und alles wird gut.
Hab Sonne im Herzen,
Dann komme was mag,
Dann leuchtet voll Licht
Dir der dunkelste Tag.

Drei Engel mögen Dich begleiten
In Deiner ganzen Lebenszeit,
Und die drei Engel, die ich meine,
Sind: Liebe, Glück, Zufriedenheit.

Zufrieden sein ist eine Kunst,
Zufrieden scheinen bloßer Dunst,
Zufrieden werden großes Glück,
Zufrieden bleiben Meisterstück.

Ich wünsch' Dir so viel Segen
Als Tröpfchen sind im Regen.
Ich wünsch' Dir so viel Glück und Gnad'
Wie der Himmel Sterne hat.

Ein Häuschen aus Rosen,
Aus Veilchen die Tür,
Der Riegel aus Liebe,
Dies wünsche ich Dir.

Der Fleiß in Deinen Jugendtagen
wird später goldene Früchte tragen.

Sei brav wie ein Engel,
Sei folgsam und lieb.
Denk oft an den Bengel,
Der Dir dies schrieb.

Das sind die Starken im Leben,
Die unter Tränen lachen,
Ihr eigenes Leid verbergen
Und andere glücklich machen.

Zu fällen einen schönen Baum,
Braucht's eine halbe Stunde kaum.
Zu wachsen, bis man ihn bewundert,
Braucht er, bedenkt es,
Ein Jahrhundert.

(Eugen Roth)

Im selben Maß du willst empfangen,
Mußt du geben;
Willst du ein ganzes Herz,
So gib ein ganzes Leben.

(Friedrich Rückert)

Gedenke der Schulzeit Jahre,
Gedenke der Schulzeit Glück.
Das waren die schönsten Jahre,
Sie kehren nie mehr zurück!

Blau (Grün, Braun ...) sind Deine Augen,
Rot ist Dein Mund,
Liebe ... bleib gesund.

Vergesse nie die Heimat,
Wo Deine Wiege stand.
Du findest in der Ferne
Kein zweites Heimatland.

Lerne Menschen kennen,
Denn sie sind veränderlich.
Die sich heute Freunde nennen,
Sprechen morgen über Dich.

Vieles kann der Mensch entbehren,
nur den Menschen nicht.

(Ludwig Börne)

Ein bißchen mehr Friede und weniger Streit,
Ein bißchen mehr Güte und weniger Neid,
Ein bißchen mehr Liebe und weniger Haß,
Ein bißchen mehr Wahrheit – das wäre doch was!
Statt soviel Unrast ein bißchen mehr Ruh',
Statt immer nur „ich"
Ein bißchen mehr „Du",
Statt Angst und Hemmung ein bißchen mehr Mut
Und Kraft zum Handeln – das wäre gut!
Kein Trübsinn und Dunkel, mehr Freude und Licht,
Kein quälend Verlangen, ein froher Verzicht,
Und viel mehr Blumen, solange es geht,
Nicht erst auf Gräbern – da blüh'n sie zu spät!

Trockne Tränen und schenk Lachen,
Glücklich sein heißt glücklich machen.

Jede Gabe sei begrüßt,
Doch vor allen Dingen:
Das, worum Du Dich bemühst,
Möge Dir gelingen.

(Wilhelm Busch)

Es reden und träumen die Menschen viel
Von bessern künftigen Tagen;
Nach einem glücklichen, goldenen Ziel
Sieht man sie rennen und jagen.
Die Welt wird alt und wird wieder jung,
Doch der Mensch hofft immer Verbesserung.

(Friedrich von Schiller)

Jeden Tag ein gutes Wort
Und die Welt wird heller,
Jeden Tag zwei gute Worte,
Dann geht es noch schneller.

Was nah ist und was ferne,
Von Gott kommt alles her:
Der Strohhalm und die Sterne,
Das Sandkorn und das Meer.

Sei tapfer im Leben, erfüll Deine Pflicht,
Und zeig dem Alltag kein Sorgengesicht.
Über den Sternen hält einer Wacht,
Der fügt es besser, als Du es gedacht.

Vergessen und vergessen werden! –
Wer lange lebt auf Erden,
Der hat wohl diese beiden
Zu lernen und zu leiden.
(Theodor Storm)

Unsre Zeit vergeht geschwind,
Nimm die Stunden, wie sie sind.
Sind sie bös, laß sie vorüber,
Sind sie gut, so freu' Dich drüber.

Hinter einem Eisengitter
Liegt ein Herz und weint so bitter,
Heb es auf, zertritt es nicht,
Denn es heißt Vergißmeinnicht.

Den Kopf halt klar,
Das Herz halt rein!
Dann wird Dein Gang
Dein Leben lang
Mit Sonnenschein
Gesegnet sein.

Viel wirst Du geben,
wenn Du auch gar nichts gibst
als nur ein Beispiel.

Wenn Du einst groß und in des Lebens Mitte,
Wenn längst vorüber ist der Schule goldne Zeit
Und mit ihr Deine Jugendzeit entglitten,
So nimm dies Büchlein hier zur Hand
Und rufe alle noch einmal herbei,
Die mit Dir liebten, lachten, litten
In Deinem schönen, fernen Kinderland.

Bleib immer wahr,
Beginne jeden Morgen
Mit einem guten Wort,
Es leuchtet wie ein Sternlein
Hell durch den Tag Dir fort.

Wer nie sich selber untreu ward
Und nie gewankt in seinem Streben
Und nie gezweifelt an sich selbst,
Hat ehrlich nie gekämpft im Leben.

Nie stille steht die Zeit,
Der Augenblick entschwebt,
Und den Du nicht genutzt,
Den hast Du nicht gelebt.

(Friedrich Rückert)

Wie wolltest du dich überwinden,
Kurzweg die Menschen zu ergründen?
Du kennst sie nur von außenwärts.
Du siehst die Weste, nicht das Herz.

(Wilhelm Busch)

Trachte nicht nach hohen Dingen,
Halt's lieber mit den kleinen,
Besser in der Hütte singen,
Als im Schlosse weinen.

Nenne niemand dumm und säumig,
Der das nächste recht bedenkt.
Ach, die Welt ist so geräumig,
Und der Kopf ist so beschränkt.

(Wilhelm Busch)

Rasch gleiten die Stunden und Jahre dahin
Wie flüchtige Wellen im Meere.
Was brächte dem Menschenleben Gewinn,
Wenn nicht die Erinnerung wäre?

Ich leb' und weiß nicht wie lang.
Ich sterb' und weiß nicht wann.
Ich fahr' und weiß nicht wohin.
Mich wundert, daß ich fröhlich bin.

(Magister Martinus)

Erscheint Dir etwas unerhört,
Bist tiefsten Herzens Du empört,
Bäume nicht auf, versuch's nicht im Streit,
Berühr es nicht, überlaß es der Zeit.
Am ersten Tag wirst Du Dich feige schelten,
Am zweiten läßt Du Dein Schweigen schon gelten,
Am dritten hast Du's überwunden:
Alles ist wichtig nur für Stunden.
Ärger ist Zehrer und Lebensvergifter,
Zeit ist Balsam und Friedensstifter.

(Theodor Fontane)

Der Mensch braucht ein Plätzchen,
Und ist es noch so klein,
Von dem er kann sagen,
Sieh, dies hier ist mein.
Hier leb' ich, hier lieb' ich,
Hier ruh' ich mich aus,
Hier ist meine Heimat,
Hier bin ich zu Haus'.

Will das Glück nach seinem Sinn
Dir was Gutes schenken,
Sage Dank und nimm es hin
Ohne viel Bedenken.

Es kann der Frömmste nicht im Frieden bleiben,
wenn es dem bösen Nachbarn nicht gefällt.
(Friedrich von Schiller)

Der Rose süßer Duft genügt,
Man braucht sie nicht zu brechen,
Und wer sich mit dem Duft begnügt,
Den wird der Dorn nicht stechen.

In der Welt fährst Du am besten,
Sprichst Du stolz mit stolzen Gästen,
Mit bescheidenen bescheiden,
Aber wahr und klar mit beiden.

(Anastasius Grün)

Du bist auf dieser Welt nur Gast
Auf eine kurze Zeit von Tagen.
Wird's Dir so schwer, Dich also zu betragen,
Daß Du nicht andern Gästen wirst zur Last?

Erst unter Kuß und Spiel und Scherzen
Erkennst du ganz, was Leben heißt:
O lerne denken mit dem Herzen,
Und lerne fühlen mit dem Geist.

(Theodor Fontane)

Gedanken, weisheitsvoll,
Wenn ich sie jemals hab'!
Sie brechen immer mir
Beim Bleistiftspitzen ab!

(Carl Spitzweg)

Der Zufall muß hinweg
Und aller falscher Schein,
Du mußt ganz wesentlich und ungefärbt sein.

Ich sehe oft um Mitternacht,
Wenn ich mein Werk getan,
Und niemand mehr im Hause wacht,
Die Stern' am Himmel an.
Sie funkeln alle weit und breit,
Und funkeln rein und schön;
Ich seh' die große Herrlichkeit,
Ich kann nicht satt mich seh'n.

Die Menschen sagen immer,
Die Zeiten werden schlimmer.
Die Zeiten bleiben immer.
Die Menschen werden schlimmer.

Laß Dich führen in der Jugend
Willig nach der Eltern Rat.
Denn sie wünschen nichts als Tugend
Dir auf deinem Lebenspfad.

Glücklich, wem die Tage fließen
Wechselnd zwischen Freud und Leid,
Zwischen Schaffen und Genießen,
Zwischen Welt und Einsamkeit.

(Emanuel Geibel)

Vaterliebe baut das Haus,
Mutterliebe schmückt es aus,
Kinderliebe allerzeit
Leuchtet hell aus Dankbarkeit.

Irrtümer haben ihren Wert,
Jedoch nur hie und da.
Nicht jeder, der nach Indien fährt,
Entdeckt Amerika.

(Erich Kästner)

Es ist nicht genug zu wissen;
man muß auch anwenden.
Es ist nicht genug zu wollen;
man muß auch tun.

(Johann Wolfgang von Goethe)

In Freundschaft

Kekse muß man backen,
Nüsse muß man knacken,
Freunde muß man suchen
wie den Sonntagskuchen –
am Montag.

Willi mag Marillenknödel,
Susi sieht gern fern,
Thomas, der mag Aschenbrödel,
Und ich mag Dich gern.

Ich schreib nur einen kurzen Satz,
Für einen langen wär' kein Platz,
Jedoch mein kurzer Satz, der hat's:
Du bist ein Schatz.

Ich hab' Dich so lieb und so gern,
ich würde Dir ohne Bedenken
eine Kachel aus meinem Ofen schenken.

Du bist der Zucker im Kaffee,
Das Salz im Ozean,
Und manches Mal bist Du für mich
Wie ein Talisman.

Immer bringst Du mich auf Trab,
Und das brauche ich.
Wie für Popeye der Spinat,
So bist Du für mich.

Ich hab mir schon seit Wochen
Tag und Nacht den Kopf zerbrochen,
Doch es gelingt mir kein Gedicht.
Ich hab' Dich gern –
Mehr sag' ich nicht.

Wenn Du einst als Großmama
In dem Lehnstuhl sitzest
Und Dir von dem Großpapa
Einen Kuß stibitzest,
Oh, so denk in Deinem Glück
Auch einmal an mich zurück.

Dein Herz ist rein und sonnenklar,
Mög' es so bleiben Jahr um Jahr,
Und meine Bitte soll es sein,
Schließ' mich auch in Dein Herz mit ein.

Laub und Gras, das mag verwelken,
Aber unsre Freundschaft nicht.
Du kommst mir aus meinen Augen,
Aus dem Herzen aber nicht.

Wenn Du einst in späten Jahren,
Dieses Büchlein nimmst zur Hand,
Denk daran, wie froh wir waren,
Als wir Kinder uns genannt.

Durch Zufall lernten wir uns kennen,
Durch Zufall müssen wir uns trennen,
Durch Zufall kann es wieder gescheh'n,
Daß wir uns einmal wiederseh'n.

Entfernung kann zwar Freunde trennen,
doch wahre Freundschaft trennt sie nie.

Wenn Du eine Freundin suchst,
Dann suche Dir die rechte,
Denn unter hundert Freundinnen
Sind 99 schlechte.

O reiß das Band der Freundschaft
Nicht allzu rasch entzwei;
Wird es auch neu geknüpfet,
Ein Knoten bleibt dabei.

Alles was der Liebe fehlt,
hat die Freundschaft:
„Ehrlichkeit!"

Wenn der Kindheit schöne Tage
Hinter uns schon liegen weit,
Kann dies Blättchen Dir noch sagen:
Schön war unsere Jugendzeit.

Wenn getrennt wir einst durch Meilen,
Wir uns nicht mehr wiedersehen,
Mögen diese Zeilen Dir als Denkmal stehen.

Kommen Dir nach vielen Jahren
Diese Zeilen zu Gesicht,
Denke, daß wir Freunde waren.
Lebe wohl, vergiß mein nicht.

In Dein Album soll ich schreiben?
Ach, ich weiß so recht nicht, was.
Wir wollen gute Freunde bleiben –
Schreibe ich. Gefällt Dir das?

Nicht wie Rosen, nicht wie Nelken,
Die heute blüh'n und morgen welken,
Sondern wie das Immergrün
Soll auch unsre Freundschaft blüh'n.

So wie die Rosen blühen,
So blühe auch Dein Glück.
Und wenn Du Rosen siehst,
So denk an mich zurück.

Es liegt an jedem allein,
Freunde zu haben und Freund zu sein.

Im Glück erfährst Du nie,
Wer es redlich mit Dir meint.
Doch wer im Unglück zu Dir hält,
Der ist Dein wahrer Freund.

Schön wie die strahlende Sonne
Werde Dein künftiges Glück.
Denk an Tagen der Wonne
Zuweilen an mich zurück.

Zur Freundschaft gehört,
daß wir einander gleichen,
einander in einigem übertreffen,
einander in einigem nicht erreichen.

(Jean Paul)

Ich wünsch' Dir all das Beste,
So viel der Baum hat Äste.
Ich wünsch' dir so viel gute Zeit,
So viel als Stern' am Himmel sein.
Ich wünsch' dir so viel Glück und Segen,
Als Tröpflein, die vom Himmel regnen.

Wenn einst nach langen Jahren
Mein Name wird genannt,
So denk an mich und sage:
Die hab' ich mal gekannt.

Wenn Du einst nach vielen Jahren
Dieses Büchlein nimmst zur Hand,
Denk daran, wie froh wir waren
In der kleinen Schülerbank.

Rein wie der Glanz der Sterne
Sei Deines Lebens Glück.
Auch in der weiten Ferne
Denk an mich zurück.

Bin nicht Goethe, bin nicht Schiller,
Dichte nicht wie Wilhelm Müller.
Schreibe nur ganz einfach hin,
Daß ich Deine Freundin bin!

Freundschaft ist wie Wein,
je älter, desto besser.

Du bist mein Glück,
Du bist mein Stern,
Auch wenn Du schmollst,
Ich hab' Dich gern!

Heut sind wir noch jung an Jahren,
Doch die Zeit eilt wie der Wind.
Ob wir wohl mit weißen Haaren
So wie heute Freunde sind?

Ein Kränzlein wollt' ich binden,
Da kam die dunkle Nacht.
Kein Blümlein war zu finden,
Sonst hätt' ich's Dir gebracht.

Freunde sind wie Perlen:
man weiß nie, ob sie echt sind.

Nicht wer mit Dir lacht,
Nicht wer mit Dir weint,
Nur wer mit Dir fühlt,
Ist ein echter Freund.

Traue nie dem Glanz der Sterne,
Sterne blinken und vergehen.
Traue nie dem Duft der Rosen,
Rosen blühen und vergehen.
Traue aber einem Menschen,
Der es ehrlich mit Dir meint,
Der im Glücke mit Dir jubelt
Und im Unglück mit Dir weint.

Hundert Freunde im Glück
Halten nicht einen Feind zurück.
Aber ein Freund in der Not
Schlägt hundert Feinde tot.

Primeln und Veilchen
Blüh'n nur ein Weilchen,
Rosen und Flieder
Verblassen wieder,
Maiglöckchendüfte
Im Winde verweh'n,
Doch unsere Freundschaft
Soll immer besteh'n.

Immer will Dein Freund ich bleiben,
Ob Du fern bist oder nah,
Dies für ewig aufzuschreiben,
Dazu ist dies Album da!

Ins Album schreib' ich gern hinein,
Denn ich will nicht vergessen sein.
Doch lieber will ich im Herzen stehen,
Weil's Album könnt' verlorengehen.

Eh' Du brichst mit einem alten Freunde,
Freund, besinn Dich sehr:
Viel kann Dir das Alter bieten,
Neue Freunde nimmermehr.

Das ist nur ein kleiner Reim,
'Was Besseres fällt mir nicht ein.
Trotzdem fürchte ich mich nicht,
Daß unsere Freundschaft dran zerbricht.

Wandle in Frieden, wandle in Glück,
Denke auch manchmal an mich zurück.

Moderne Verse

Mit Dir will ich lachen,
Daß die Balken krachen,
Daß die Fetzen fliegen
Und sich Bäume biegen.

Andere kritisieren,
Statt es selber zu probieren,
Das ist leicht –
Aber ob das reicht?

Vergiß, was Dich ärgert,
Behalt, was Dich freut,
Und beim Vergessen
Hilft Dir die Zeit.

Es streiten sich die Leut' herum
Seit vielen hundert Jahren,
Und ob das einmal anders wird,
Wird man nie erfahren.

Bleib' so lustig, bleib' gesund,
Wenn Dich was ärgert, sag "na und"!

Ich mag Dich gern,
Mehr sag ich nicht.
Drum ist auch kurz nur
Mein Gedicht,
Und ich will es Dir schenken –
Den Rest kannst Du Dir denken.

Glücklich ist,
Wer vergißt,
Daß nach dem Sonntag
Montag ist.
(Abwandlung von J. Strauß' "Die Fledermaus":
"Glücklich ist, wer vergißt,
was doch nicht zu ändern ist.")

Oben, unten, hinten, vorn –
Keine Rose ohne Dorn,
Und so mancher glaubt das nicht,
Bis ihn eine Rose sticht.

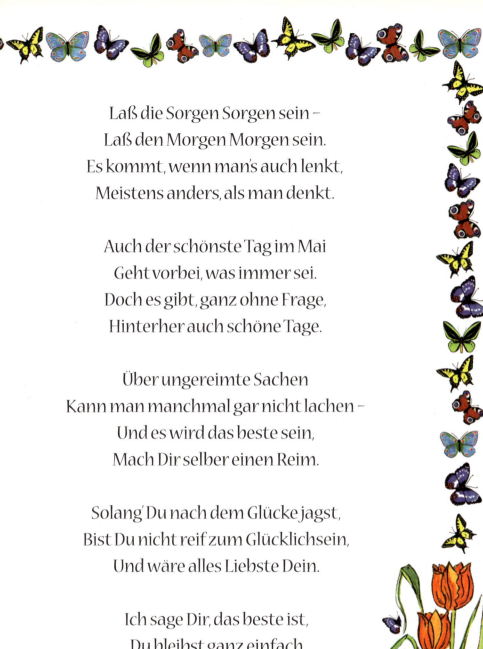

Laß die Sorgen Sorgen sein –
Laß den Morgen Morgen sein.
Es kommt, wenn man's auch lenkt,
Meistens anders, als man denkt.

Auch der schönste Tag im Mai
Geht vorbei, was immer sei.
Doch es gibt, ganz ohne Frage,
Hinterher auch schöne Tage.

Über ungereimte Sachen
Kann man manchmal gar nicht lachen –
Und es wird das beste sein,
Mach Dir selber einen Reim.

Solang' Du nach dem Glücke jagst,
Bist Du nicht reif zum Glücklichsein,
Und wäre alles Liebste Dein.

Ich sage Dir, das beste ist,
Du bleibst ganz einfach
Wie Du bist.

Du bist noch sehr jung an Jahren
Und zum Glück noch unerfahren,
Denn so manches kannst Du heute
Besser als die großen Leute.

Zahnweh, Schnupfen, schlechte Noten,
Irgendwann wird das verboten.
Doch bis dahin muß man eben
Auch mit solchen Dingen leben.
In der Schule – zugegeben –
Blieb sogar Herr Einstein kleben.
Geht auch Dir mal was daneben,
Wirst Du es schon überleben.

Träumen kannst Du, was Du willst –
Doch wenn Du erwachst,
Platzt der Traum
Wie Seifenschaum –
Gut, wenn Du dann lachst.

Ich komm' nicht in das Dichten rein,
und werde niemals Goethe sein.

Lebe lustig, lebe heiter
Wie ein Laubfrosch auf der Leiter.

Erst wenn Du jedem Wunsch entsagst,
Nicht Ziel mehr noch Begehren kennst,
Das Glück nicht mehr mit Namen nennst,
Dann reicht Dir des Geschehens Flut
Nicht mehr ans Herz, und Deine Seele ruht.
(Hermann Hesse)

Lebe glücklich, werde alt,
Bis die Welt zusammenknallt.

Bleib gesund und munter,
Und geht die Welt auch unter,
Dann fliegst Du einfach auf den Mond
Und siehst nach, ob sich das lohnt.

Ich habe Dich zum Fressen gern,
Doch wär's um Dich zu schade,
Drum esse ich nun auf Dein Wohl
Ein Stückchen Schokolade.

Wer nie in der Schule meckert,
Oder sich mit Essen bekleckert,
Wer immer arbeitet und nie bummelt,
Oder in der Schule schummelt,
Wer noch niemals Kirschen klaute,
Oder andere Streiche baute,
Der ist vielleicht ein Musterknabe,
Aber auch ein armer Rabe.

Ich plage mich heute so sehr!
Ins Album schreiben, das ist schwer.
Doch für Dich tu' ich alles.
Im Falle eines Falles,
Da plag' ich mich gleich noch viel mehr.

Ich denk' an dies,
Ich denk' an das,
Doch denk' ich an Dich,
Macht das richtig Spaß.

Weniger ist oft viel mehr,
Doch weiß man das erst hinterher.

Besinnliches

Wie der Herr die zarten Blüten
Schirmet unter Eis und Schnee,
Also mög' er Dich behüten
Vor des Lebens bitt'rem Weh!

Ich schreib' nicht lange ein zierliches Gedicht,
Nur drei Worte: Gott schütze Dich!
Länger darf es gar nicht sein,
Sonst passen die Sprüche der andern nicht rein.

Jeden Menschen sollst Du lieben,
Ob er arm ist oder reich,
Keinen kränken noch betrügen,
Denn vor Gott sind alle gleich.

Wer da stehe, wer da falle,
Kinder Gottes sind wir alle,
Fehlt die Brücke, fehlt der Steg,
Liebe weist den rechten Weg.

Es begleite Dich stets als funkelnder Stern
Der Glaube, die Liebe, der Segen des Herrn!

Gott gebe mir nur jeden Tag,
Soviel ich brauch' zum Leben.
Er gibt dem Sperling auf dem Dach,
Wie sollt er's mir nicht geben.

(Matthias Claudius)

Genieße, was Dir Gott beschieden,
Entbehre gern, was Du nicht hast.
Ein jeder Stand hat seinen Frieden,
Ein jeder Stand hat seine Last.

(Christian Gellert)

Hab' ein fröhliches Herz
Und ein fröhliches Gemüt.
Auf all Deinen Wegen
Gott Dich behüt'.

Der Mensch sieht nur, was vor Augen ist,
der Herr aber sieht auch das Herz.

Die Wahrheit rede stets
Und wage nicht zu lügen,
Du kannst ja nur die Menschen,
doch niemals Gott betrügen.

Dein Auge blicke frei und klar,
Und Deine Zunge rede wahr,
Dein Ohr sei taub für bösen Scherz,
Ein Tempel Gottes sei Dein Herz.

Halte hoch den Glauben,
Vergiß Deinen Herrgott nicht,
Dann kann man Dir alles rauben,
Den Frieden des Herzens aber nicht.

Vertrau auf Gott, verlier nie den Mut,
hab Sonne im Herzen, und alles wird gut.

Wo Glaube – da Liebe
Wo Liebe – da Friede
Wo Friede – da Gott
Wo Gott – keine Not

Eine Schwalbe macht noch keinen Lenz,
Eine Blume macht noch keine Kränz' –
Gott allein macht Deine Laufbahn eben
Und läßt einst Dich
himmelaufwärts schweben!

Vertrau auf Gott
Und Deine eigene Kraft.
Gott segnet nur,
Was man sich selber schafft.

Von guten Mächten wunderbar geborgen,
Erwarten wir getrost, was kommen mag.
Gott ist mit uns am Abend und am Morgen
Und ganz gewiß an jedem neuen Tag.

Rede nicht viel, aber sinnig,
Bete nicht lang, aber innig,
Handle nicht rasch, aber kräftig,
Liebe nicht laut, aber heftig,
Lebe nicht wild, aber heiter,
Hilf Dir selbst – Gott hilft Dir weiter!

Stets zufrieden ohne Mängel,
Munter wie die Vögel sei –
Nur so rufst von Gottes Engeln
Glück und Segen Du herbei!

Bleib fleißig, brav und tugendsam
Dein Leben für und für –
Daß Deine Eltern Freude haben
Und Gott auch einst mit Dir!

Mit Gott fang an,
mit Gott hör auf,
das ist der beste Lebenslauf.

Ruhig magst Du in der Ferne
Auf zum grauen Himmel schauen,
Denn es leuchten dort drei Sterne:
Glaube, Hoffnung und Vertrauen.
Wenn des Lebens Stürme blasen,
Hebe Deinen Blick nach oben.
Wenn die Leidenschaften rasen,
Höre nicht auf, IHN zu loben.

Wenn des Lebens Stürme toben
Und Dein Herz vor Kummer bricht,
Wende nur den Blick nach oben,
Gott der Herr vergißt Dich nicht.

Du weißt, daß Du von Gott geführt,
Sein Wort sei Licht auf Deinen Wegen!
Und wenn ein Zweifel Dich berührt,
So trete betend ihm entgegen.

Gott liebt uns nicht,
Weil wir so wertvoll sind;
Wir sind so wertvoll,
Weil Gott uns liebt.

(Helmut Thielicke)

Nimm freudig hin, was Gott Dir gibt,
Er prüft die Menschen, die er liebt.

Denke mit Ehrfurcht an Gott,
an die Menschen mit Liebe,
mit Ernst an die Pflicht.

Du bist so klein und niedlich,
Und heiter ist Dein Blick.
Gott möge Dich erhalten,
Zu Deiner Eltern Glück.

Segle ruhig weiter,
Wenn der Mast auch bricht.
Gott ist Dein Begleiter,
Er verläßt Dich nicht.

Leg all Dein Tun in Gottes Hände,
Gott sei Dein Anfang und Dein Ende.

Nicht jedes Herz wird für Dich schlagen,
Nicht jeder Mensch wird Dich versteh'n.
Was Gott Dir schickt, mußt Du ertragen
Und freudig seine Wege geh'n.

Dein Tun sei wahr,
Dein Sinn sei klar,
Froh Dein Gemüt,
Gott Dich behüt'!

Was Gottes Werk ist, wird bestehen,
Ist's Menschenwerk, wird's untergehen.

Höre nicht, was Menschen sagen,
Tue ruhig Deine Pflicht,
Gott wird nicht die Menschen fragen,
Wenn er Dir das Urteil spricht.

Nimm ohne Zorn und ohne Klagen,
Dein Schicksal fromm und mutig hin;
Geduldig sollst Du es ertragen,
Denn das nur ist des Lebens Sinn.

Es mag sein, daß alles fällt,
Daß die Burgen Deiner Welt
Um Dich her in Trümmer brechen.
Halte Du den Glauben fest,
Daß Dich Gott nicht fallen läßt,
Er hält sein Versprechen.

Auf seinen Wegen selten fällt,
Wer sein Vertrauen auf Gott gestellt.

Humorvoll-Heiteres

Ich will endlich was erleben,
Sprach die kleine Maus,
Sprang aus ihrem Loch heraus
Und saß in der Falle.

Wenn Dich die Buben ärgern,
Denke doch daran,
Aus manchem bösen Buben
Wird ein lieber Mann.

Weil ich gern viel Unsinn schreib'
Und ab und zu mal spotte,
Schreib' ich einfach nur: „Du bist
eine flotte Motte."

Trag die Nase nicht zu hoch,
Du, das ist nicht toll,
Denn die andern haben von Dir,
Sonst die Nase voll.

Zwei Spatzen schwatzen
Schon seit Stunden,
Als zwei Katzen sie gefunden.
Weil im Streit die beiden Katzen
Sich mit Katzentatzen kratzen,
Können die beiden Spatzen
Immer noch schwatzen.

Fliegen möchte ich, sprach der Hahn
Und fing auch gleich zu flattern an.
Wie's vorauszusehen ist –
Steckt er bis zum Hals im Mist,
Denn wenn man halt nicht fliegen kann,
Ist man viel, viel besser dran,
Wenn man auf dem Boden bleibt.

Die Spatzen sprachen echt:
Wir fliegen gar nicht schlecht.
Die Katze sprach, ich fliege nie –
Doch ab und zu erwisch' ich sie,
Denn oft kommt es drauf an,
Daß man auch schlau sein kann.

Für Dich da rutsch' ich ungelogen
Auf dem bunten Regenbogen.
Doch wenn ich mich nicht rutschen trau',
Dann weiß ich jedenfalls, ich schau'
Zu Dir ganz mutig runter.

Gestern waren wir noch klein.
Heute sind wir groß.
Und wenn wir mal zusammen sind,
Ist immer etwas los.

Wenn ein Lama spuckt
Und man sich gleich duckt,
Ist dies zwar kein Spaß,
Doch man wird nicht naß.

Mit Dir würd' ich riskieren,
Zum Nordpol zu spazieren,
Wir könnten dabei Eisbär'n necken
Und uns bei Eskimos verstecken
Und alles, ohne zu frieren –
Komm, laß es uns mal ausprobieren.

Im Schlaraffenland sind Noten
Für die Kinder ganz verboten,
Und was mich besonders freut:
Noten gibt es für große Leut!

Keine Wespen soll'n Dich stechen,
Keine Katzen soll'n Dich kratzen,
Keine Ziegen Dich bemeckern,
Keine Tauben Dich bekleckern.

Mit falschen Wimpern
Ist gut klimpern –
Dann macht es „klack",
Und ab ist der Lack!

Gar so manche Schularbeit
Ist für mich wie Fieber.
In die Schule geh ich gern –
Doch schulfrei ist mir lieber.

Solltest Du mich mal vergessen,
Soll Dich gleich ein Untier fressen.

Rosen, Tulpen, Gummibärchen –
Ich wünsche Dir noch viele Jährchen
Glück.

Im glühendheißen Wüstensand
Spazierte mal ein Elefant
Und wünschte sich 'ne Limonade
Im kühlenden Bade.
Doch durft er sich – des Reimes wegen –
Nur in einen Schatten legen.

Tauchst Du auch mal unter,
Bleibe trotzdem munter,
Und nach einem Tarzanschrei,
Fühlt man sich meistens wieder frei.

Manche Lehrer, Professoren
Haben Bohnen in den Ohren,
Und sie reden, was auch sei,
Stundenlang nur um den Brei.
Doch ich wünsch' Dir, irgendwann
Hört auch Dich mal einer an.

Wer A sagt,
Sagt nicht immer B –
Oft tun ihm nur
Die Mandeln weh.

Einer dachte so lange nach,
Bis er sich den Kopf zerbrach.
Zuviel denken, sieh das ein,
Kann sogar gefährlich sein.

1, 2, 3, 4, 5 und 6
ich mach Dir einen großen Klecks.
1, 2, 3, 4, 5, 6, 7
nur ein Klecks wird hier geschrieben.
Und der Klecks erinnert Dich
später mal bestimmt an mich.

Fortuna lächelt,
Doch sie mag nur ungern voll beglücken,
Schenkt sie uns einen Sommertag,
So schenkt sie uns auch Mücken!

(Wilhelm Busch)

Hast Du irgendwann mal Krach,
Du, das geht vorbei.
Denk nicht lang darüber nach,
Laß raus 'nen Tarzanschrei.

In der Nase, in den Ohren
Dürfen kleine Kinder bohren.
Große machen's – muß das sein?
Vorsichtshalber ganz geheim.

Wenn die Fahrradkette kracht,
Humor ist, wenn man trotzdem lacht,
Denn man tritt mit einem Male
Sehr viel leichter die Pedale.

Meine Schwester, die spielt Flöte,
Und ein Rabe krächzt im Wind,
Doch die beiden glauben wirklich,
Daß sie musikalisch sind.

Arbeit macht das Leben süß,
Faulheit stärkt die Glieder.

Weil zwei im Streit
Kein End' gefunden,
Machen Doktor und Anwalt
Überstunden.

In der Schularbeit 'ne Vier?
„Glückwunsch" sage ich zu Dir!
Denn Du hattest vielleicht Schwein,
Es könnt' ja auch ein Fünfer sein.

Wer Kirschkerne spucken kann,
Ist deshalb noch kein großer Mann,
Denn so manches schafft
Man nicht mit Kraft.

Sonne, Mond und Sterne
Sollen für Dich scheinen,
Nur beim Zwiebelschneiden
Sollst Du Tränen weinen.

Arbeit ist die Würze des Lebens,
darf also nur mäßig genossen werden.

Löcher in den Socken
Sind nicht duftig,
Aber für die Zehen
Ist es vielleicht luftig.

Gibt Dir das Leben einen Puff,
So weine keine Träne,
Lach Dir 'nen Ast
Und setz Dich druff
Und baumle mit de Beene!

Das Leben wär nur halb so nett,
Wenn keiner einen Vogel hätt.

Morgens kann ich nichts essen,
weil ich an Dich denke.
Mittags kann ich nichts essen,
weil ich an Dich denke.
Abends kann ich nichts essen,
weil ich an Dich denke.
Nachts kann ich nicht schlafen,
weil ich Hunger habe.

Wenn die Flüsse aufwärts fließen
Und die Hasen Jäger schießen
Und die Mäuse Katzen fressen,
Dann erst will ich Dich vergessen.

Hinter Rosen und Narzissen
Hat ein kleiner Hund geschissen.
Trittst Du in die Sache rein,
Wird Dein Glück stets blühend sein.

Das Glück ist wie ein Omnibus,
Auf den man lange warten muß.
Und kommt er endlich angewetzt,
Dann steht darauf „Besetzt, besetzt!"

Hab Sonne im Herzen
Und Kuchen im Bauch,
Dann bist Du stets glücklich,
Und satt bist Du auch.

Bescheidenheit ist eine Zier,
Doch kommt man weiter ohne ihr.

Hab Sonne im Herzen
Und Zwiebeln im Bauch,
Dann kannst Du gut scherzen,
Und pupsen tut's auch.

Wird Dich mal ein Junge küssen,
Sei nicht gleich so aufgebracht.
Mutter braucht's ja nicht zu wissen,
Hat's ja selber so gemacht.

Wenn alles im Eimer ist,
bleibt einem immer noch –
der Eimer!

Vater Schwein und Mutter Schwein,
Die riefen ihre Ferkelein:
„Liebe Kinder, gebet acht,
Daß keiner aus euch Würstchen macht!"

Verschiebe nicht auf morgen, was genausogut
auf übermorgen verschoben werden kann.
(Mark Twain)

Ein Seehund lag am Meeresstrand,
Wusch sich die Schnauz' im weißen Sand.
Oh, möge doch Dein Herz so rein,
Wie diese Seehundschnauze sein.

Was hilft es dir, damit zu prahlen,
Daß du ein freies Menschenkind?
Mußt du nicht pünktlich Steuern zahlen,
Obwohl sie Dir zuwider sind?

Für Ordnung bist Du nicht zu haben?
Laß Deine Eltern fluchen
Und denke Dir: Wer Ordnung hält,
Ist bloß zu faul zum Suchen!

I was sleeping very well
in my quietsching Bettgestell,
and in the middle of the Nacht
my quietsching Gestell is togethergekracht.
I hope you that this will never passiert
and that my English better wird.

In Liebe

Gedenke nah, gedenke fern,
Gedenke meiner oft und gern,
Gedenke meiner noch im Grab,
Wie treu ich Dich geliebet hab'!

Trennen uns auch ferne Orte,
So behalte dennoch lieb,
Deren Hand einst diese Worte
Aus dem Herzen niederschrieb.

Ein Herz voller Liebe ist nie arm,
Erkaltet nicht, ist immer warm.
Es nimmt nicht, denn ein Herz, das liebt,
Ist auch ein Herz, das immer gibt.

Die Wahrheit sei Dein fließend Blut.
Die Nächstenlieb' Dir höchstes Gut.
Doch das Schönste soll auf Erden,
Dir die Liebe der Eltern werden.

Die Erfahrung lehrt uns,
daß die Liebe nicht darin besteht,
daß man einander ansieht,
sondern daß man gemeinsam
in die gleiche Richtung blickt.
(Antoine de Saint-Exupéry)

Unter Rosen soll Dein Leben
Fließen wie ein sanfter Bach,
Und das beste Glück auf Erden
Wünsch' ich Dir für jeden Tag.

Wenn Du ein Herz gefunden,
Das treu es mit Dir meint,
Bleib eng mit ihm verbunden,
Bleib eng mit ihm vereint.

Das will ich mir schreiben
In Herz und in Sinn,
Daß ich nicht für mich auf Erden bin,
Daß ich die Liebe, von der ich lebe,
Liebend an andere weitergebe.

Liebe das Mutterherz,
Solange es schlägt,
Denn wenn es stillsteht,
Ist es zu spät.

Schön ist eigentlich alles,
was man mit Liebe betrachtet.
(Christian Morgenstern)

Eine Mutter weiß allein,
Was lieben heißt und glücklich sein.
(Adelbert von Chamisso)

Macht ist immer lieblos,
doch Liebe niemals machtlos.

Wenn Du denkst, Du hast im Leben
Schon so allerhand erfahren:
Sei versichert, es kommt schlimmer
In den allernächsten Jahren!
Doch wenn's mal Probleme gibt,
Hilft gern jemand, der Dich liebt.

Beklage nie den Morgen,
Der Müh' und Arbeit gibt,
Es ist so schön zu sorgen
Für Menschen, die man liebt.

Trau nicht jedem, der Dir schmeichelt,
Der Dir seine Liebe schwört;
Prüfe ihn, ob er nicht heuchelt,
Ob er wirklich Dich verehrt.

Wenn Du einst in Deinem Leben
Fest auf einen Menschen baust,
Dann geh mit Vorsicht ihm entgegen,
Eh' Du Dich ihm anvertraust.
Schau ihm tief und fest ins Auge,
Ob sein Blick stets offen ist,
Denn der Menschen Worte trügen,
Doch das Auge kann es nicht.

Die Liebe ist manchmal das traurigste,
oft das schönste,
aber immer das wichtigste im Leben.

Ohne Liebe ist der Reiche arm,
den Armen macht sie reich.

Mit vielen teile Deine Freuden,
Mit allen Munterkeit und Scherz,
Mit wenig Edlen Deine Leiden,
Mit Auserwählten nur Dein Herz.

Wenn Du ein Herz gefunden,
Das Dir ergeben ist
In frohen und in trüben Stunden,
Du reich gesegnet bist.

Einen Menschen lieben, heißt,
ihn so zu sehen,
wie Gott ihn gemeint hat.

Die Freundschaft und die Liebe
sind zwei Pflanzen an einer Wurzel.
Die letztere hat nur einige
Blumen mehr.

(Friedrich Gottlieb Klopstock)

Wohin Dich auch führt des Lebens Geschick,
Denk an Dein Elternhaus zurück,
Wo Vater und Mutter Tag und Nacht
In treuer Liebe Dich bewacht.
Es ist Deine Kindespflicht,
Vergiß es nicht!

Gestern liebt' ich, heute leid' ich:
Morgen sterb' ich.
Dennoch denk' ich heut und morgen
Gern an gestern.

(Gotthold Ephrain Lessing)

Ich kann Dir ins Antlitz schauen,
Heiter, wie das Kind ins Licht;
Ich kann lieben, kosen, küssen,
Aber dichten kann ich nicht.
Könnt' ich auch so dichten,
Würden hübsch auch meine Lieder sein,
Sänge nur, wie ich Dich liebe,
Sänge nur: Ganz bin ich Dein.

(Adelbert von Chamisso)

Mein Herz kann nimmer schlagen,
Als nur für Dich allein.
Ich bin so ganz Dein eigen,
So ganz auf immer Dein.
(Theodor Storm)

Ich bin mir meiner Seele
In Deiner nur bewußt,
Mein Herz kann nimmer ruhen,
Als nur in Deiner Brust!

Liebe, die von Herzen liebt,
Ist am reichsten, wenn sie gibt;
Liebe, die von Opfern spricht,
Ist schon rechte Liebe nicht.
(Emanuel Geibel)

Die Liebe kann, wie das Feuer,
nicht ohne beständiges Anfachen bestehen,
und sie stirbt, sobald sie zu hoffen oder
zu fürchten aufhört.
(La Rochefoucauld)

Liebe ..., denk an mich,
Ewig, ewig lieb' ich Dich,
Wenn ich auch nicht bei Dir bin,
Steh' ich doch im Album drin.

Nur wenig Worte will ich schreiben:
In Deinem Herzen will ich bleiben.
Das sei der treuen Liebe Zeichen,
Mag auch des Albums Schrift verbleichen.

Wenn's Dir in Kopf und Herzen schwirrt,
Was willst Du Beßres haben!
Wer nicht mehr liebt und nicht mehr irrt,
Der lasse sich begraben.
(Johann Wolfgang von Goethe)

Ei, was kümmert uns Sturm und Wind,
Wenn wir in Liebe beisammen sind.

Jeder Mensch ist eine andere Welt.
Da hilft nur eins:
Die Brücke der Liebe.

Weisheiten fürs Leben

Man hat einen Menschen
noch lange nicht bekehrt,
wenn man ihn
zum Schweigen gebracht hat.

Wenn man einmal unbedacht
Irgendeinen Fehler macht,
Kommt es doch nur darauf an,
Daß man daraus lernen kann.

Große wissen alles besser,
Manchmal ist das schier zum Weinen.
Dabei lernen doch die Großen
Vieles von den Kleinen.

Wer immer nur auf Wolken schwebt,
Der halte jederzeit
Für den Fall des Falles
Auch ein Netz bereit.

Schau vorwärts, nie zurück,
Neuer Mut ist Lebensglück.

Zu wissen, wie man abwartet,
ist das große Geheimnis des Erfolges.

Wenn Dir die Sicherung durchbrennt,
Dann nenn' das einfach Temperament.

Habe immer etwas Gutes im Sinn,
und halte Dich zu gut,
etwas Böses zu tun.

Steig immer auf, doch denk daran,
Daß auch der Höchste fallen kann.

Lernen ist wie ein Rudern gegen den Strom:
sobald man aufhört, treibt man zurück.

Sage nicht immer, was Du weißt,
aber wisse immer, was Du sagst.

(Matthias Claudius)

Ärgert Dich mal dies, mal das –
Wirf die Flinte nicht ins Gras,
Bald macht alles wieder Spaß.

Die meisten Menschen brauchen
mehr Liebe, als sie verdienen.
(Marie von Ebner-Eschenbach)

Es gibt keine uninteressanten Dinge,
es gibt nur uninteressierte Leute.

Wer einmal lügt, dem glaubt man nicht,
Auch wenn er dann die Wahrheit spricht.

Die Sonne leuchtet auch,
wenn man sie nicht sieht.

Ein freundliches Wort
kostet nichts
und ist doch das schönste
aller Geschenke.
(Daphne du Maurier)

Ein Lächeln kostet weniger als Elektrizität,
aber es gibt genauso viel Licht.

Dumme Gedanken hat jeder,
doch der Weise verschweigt sie.
(Wilhelm Busch)

Es kann geschehen, daß man hinfällt.
Unverzeihlich ist nur, wenn man
liegenbleibt.

Eine schwarze Kuh
gibt auch weiße Milch.

Geteilte Freude ist doppelte Freude,
geteilter Schmerz ist halber Schmerz.

Es gibt nichts Gutes,
außer man tut es.

Wer das Böse ohne Widerspruch hinnimmt,
arbeitet in Wirklichkeit mit ihm zusammen.

Mach es wie die Sonnenuhr,
Zähl die heitren Stunden nur!

Wer wirklich Autorität hat,
wird sich nicht scheuen,
Fehler zuzugeben.

Wer vom Nachbarn häßlich spricht,
Erfreut durch Witz, doch trau ihm nicht,
Meinst Du, er würde über jeden,
Nur über Dich nichts Böses reden?

Es gibt nur ein beständiges Glück:
Die Zufriedenheit.

Glückliche Tage!
Nicht weinen, weil sie vorüber,
sondern lächeln, weil sie gewesen.

Der Humor ist keine Gabe des Geistes,
er ist eine Gabe des Herzens.

(Ludwig Börne)

Der Mensch hat dreierlei Wege,
klug zu werden:
Erstens durch Nachdenken,
das ist der edelste;
zweitens durch Nachahmen,
das ist der leichteste;
drittens durch Erfahrung,
das ist der bitterste.

(Konfuzius)

Wage ruhig einen großen Schritt,
wenn er nötig ist.
Über einen Abgrund kommt man nicht
mit zwei kleinen Sprüngen.

Man sieht nur mit dem Herzen gut.
Das Wesentliche ist für die Augen unsichtbar.

(Antoine de Saint-Exupéry)

Sag niemals leise, niemals laut,
Was Dir ein Freund hat anvertraut.

(Johann Wolfgang von Goethe)

Liebe Deine Feinde –
denn das macht sie rasend.

Die Erinnerung ist das einzige Paradies,
aus dem wir nicht vertrieben werden können.
(Jean Paul)

Die Zukunft eines Kindes
ist das Werk einer Mutter.
(Napoleon)

Eine Freude vertreibt hundert Sorgen!

Wer offen Dir die Fehler sagt,
Ob es Dich auch verletzt, nicht schmeichelt,
Oder wie es Dir behagt,
Die Worte sorgsam setzt,
Der ist fürwahr viel mehr Dein Freund
Als der, der schmeichelnd stets verschönt.

Wer den Tag mit Lachen beginnt,
hat ihn bereits gewonnen.

Glück ist das einzige, das sich verdoppelt,
wenn man es teilt.
(Albert Schweitzer)

Viele Menschen versäumen das kleine Glück,
weil sie auf das große vergeblich warten.

Es ist ein ungeheures Glück, wenn man
fähig ist, sich zu freuen.
(George Bernard Shaw)

Man sollte versuchen, glücklich zu sein,
und sei es auch nur, um ein Beispiel zu geben.

Die wahren Lebenskünstler
sind bereits glücklich,
wenn sie nicht unglücklich sind.
(Jean Anouilh)

Lächeln ist die eleganteste Art,
dem Gegner die Zähne zu zeigen.
(Werner Finck)

Sei schlau,
Werde niemals Ehefrau!
Vor der Hochzeit schickt er Rosen,
Nach der Hochzeit flickst Du Hosen.

Redet einer schlecht von Dir,
Sei es ihm erlaubt.
Doch Du, Du lebe so,
Daß niemand es ihm glaubt.

Lernen wir uns freuen,
so verlernen wir am besten,
anderen weh zu tun.
(Friedrich Nietzsche)

Jeder Tag, an dem Du nicht lächelst,
ist ein verlorener Tag.
(Charlie Chaplin)

Das Lächeln, das Du aussendest,
kehrt zu Dir zurück.
(Indische Weisheit)

Nichts in der Welt wirkt so ansteckend
wie Lachen und gute Laune.
(Charles Dickens)

Wenig Dinge sagen so viel über einen
Menschen aus wie sein Sinn für Humor.

Schmerzt Dich in tiefer Brust
Das harte Wort „du mußt",
So macht nur eins Dich wieder still,
Das starke Wort „ich will".

Freundliche Worte kosten wenig,
aber vermögen viel.

Es ist kein Verbrechen,
Den Mund zu öffnen, um zu sprechen.
Vermeide nur Gemütserregung,
Sprich lieber sanft mit Überlegung,
Denn mancher hat sich schon beklagt:
„Ach, hätt' ich das doch nicht gesagt!"
(Wilhelm Busch)

Suche immer das Gute,
das Schlechte kommt von selbst.

Was auch immer Du tust,
bedenke das Ende!
(Jesus Sirach, 7,40)

Ratschläge sind wie Medizin:
Je besser sie sind,
um so schlechter schmecken sie.

Das Leben macht nichts aus uns,
wenn wir nicht selbst
etwas aus unserem Leben machen.
(Joe Frazier)

Wer seine Fehler nicht erkennt,
kann sie nicht verbessern.

Verurteile niemanden,
bevor Du in seiner Lage warst.
(Talmud)

Tue mutig Deine Pflicht.
Sage nie: „Das kann ich nicht."

Nur das Leben wird Dir geschenkt,
alles andere ist Kampf.

Verlange nie von anderen mehr,
als Du selbst zu geben bereit bist.

Geh Deinen Weg,
und laß die Leute reden!
(Alighieri Dante)

Lache – und die Welt lacht mit Dir.
Weine – und Du weinst allein.

Kopf ohne Herz macht böses Blut.
Herz ohne Kopf tut auch nicht gut.
Wo Glück und Segen sollen gedeih'n,
Müssen Kopf und Herz zusammen sein.

Wer nichts weiß, muß alles glauben.

Erst wenn der letzte Baum gerodet,
der letzte Fluß vergiftet,
der letzte Fisch gefangen,
werdet ihr feststellen,
daß man Geld nicht essen kann!
(Worte eines Indianerhäuptlings)

Je leichter die Gedanken,
desto schwerer die Folgen.

Nicht da ist man daheim,
wo man seinen Wohnsitz hat,
sondern, wo man verstanden wird.
(Christian Morgenstern)

Es kann ein Heim die Welt ersetzen,
doch nie die Welt ein Heim.

Weise ist der Mensch,
der nicht den Dingen nachtrauert,
die er nicht besitzt,
sondern sich der Dinge erfreut, die er hat.

Sei, was Du willst!
Aber was Du bist,
habe den Mut,
ganz zu sein!

Der Kluge bemüht sich,
alles richtig zu machen.
Der Weise bemüht sich,
so wenig wie möglich falsch zu machen.
(Türkisches Sprichwort)

Es läßt sich nichts leichter aufbauen
und schwerer abreißen
als Luftschlösser.
(Volksmund)

Das sind die Weisen,
Die durch Irrtum
Zur Wahrheit reisen.
Die bei dem Irrtum verharren,
Das sind die Narren.
(Friedrich Rückert)

Willst Du Dich selber erkennen,
Sieh wie die anderen es treiben.
Willst Du die anderen verstehen,
Blick in Dein eigenes Herz.

(Friedrich von Schiller)

Wer aus sich herauslebt,
tut immer besser,
als wer in sich hineinlebt.

(Johann Gottfried Seume)

Das Gute – dieser Satz steht fest –
Ist stets das Böse, was man läßt.

(Wilhelm Busch)

Dankbare Menschen sind wie fruchtbare Felder;
sie geben das Empfangene zehnfach zurück.

(August von Kotzebue)

Dankbarkeit gehört zu den Schulden,
die jeder hat,
aber nur die wenigsten tragen sie ab.

Wer gesund ist, ist reich, ohne es zu wissen.

Achte auf den Rat des Gewissens,
denn einen treueren Begleiter hast du nicht.
(Bibel)

Der Dank ist für kleine Seelen
eine drückende Last,
für edle Herzen ein Bedürfnis.
(Georg Christoph Lichtenberg)

Wenn es ein Geheimnis des Erfolges gibt,
so ist es das: den Standpunkt des anderen
verstehen und die Dinge mit seinen Augen
betrachten.
(Henry Ford)

Wir müssen den Mut haben,
alles so zu betrachten,
als ob wir es
zum ersten Mal sähen.
(Henri Matisse)

Was Du mit Geld nicht bezahlen kannst,
bezahle wenigstens mit Dank.

Willst Du wissen,
was Schönheit ist,
so gehe hinaus
in die Natur.
(Albrecht Dürer)

Säume nicht, träume nicht,
Wandle!
Frage nicht, klage nicht,
Handle!

Die großen Gedanken kommen aus dem Herzen.
(Vauvenargues)

Gib nicht zu schnell Dein Wort,
So brauchst Du's nicht zu brechen.
Viel besser ist es, mehr zu halten
Als zu versprechen.
(Friedrich Rückert)

So war der Mensch zu allen Zeiten,
So ist er jung, so bleibt er alt:
Heiß ist er gegen Kleinigkeiten
Und gegen große Dinge kalt.
(Lichtwer, Fabeln)

Die Erfahrung gleicht einer
unerbittlichen Schönen:
Jahre gehen vorüber, bis du sie gewinnst,
und ergibt sie sich endlich,
seid ihr beide alt geworden,
und ihr könnt euch nicht mehr brauchen.
(Ludwig Börne)

Die Menschen sind niemals gerecht,
höchstens gelegentlich,
und nur gegen die, die sie lieben.
(Joseph Joubert)

Klug zu reden ist oft schwer.
Klug zu schweigen meist noch mehr.
(Friedrich von Bodenstedt)

Dies schrieb Dir ...

Für Deine Zukunft
wünsche ich Dir alles erdenklich Gute!

Alles Gute für Deinen Lebensweg wünscht Dir ...

Viel Glück im Leben wünscht Dir, liebe ...

Mit den besten Wünschen für Dein weiteres Leben!

Zur Erinnerung an unsere gemeinsame Schulzeit

Dies schrieb Dir zur Erinnerung Deine Freundin ...

Dieses Sprüchlein, klein und fein,
schrieb Dir Deine .... ein.

Beim Lesen dieser Zeilen denke immer an Deine ...

Als kleines Andenken an ...

Wie schreibe ich ins Album rein?

1. Steht der ausgewählte Spruch vielleicht bereits im Album?

2. Am besten ist es, man schreibt mit Tinte oder mit einem speziellen Filzstift, damit das Geschriebene nicht auf die Folgeseiten durchdrückt.

3. Du, Dein, Dir, Dich schreibt man, wie in einem Brief, immer groß.

4. Als Unterschrift sollte stets der Vor- und Zuname stehen.

5. Das Datum bitte nicht vergessen!

6. Über eine kleine Zeichnung oder ein Bildchen freut sich der Albumbesitzer.

7. Das Album immer schnell wieder zurückgeben!

8. Ist ein Fehler beim Schreiben unterlaufen, oder hat man versehentlich einen Tintenklecks in das Buch gemacht, dann sollte die Seite nicht herausgerissen werden, weil sich sonst auch noch andere Seiten lösen würden. Vielleicht kann der kleine Ausrutscher mit einem Bild überklebt werden, oder man steht einfach dazu und bittet den Lesenden um Nachsicht und darum, daß man das kleine Mißgeschick mit Humor nehmen möge.